Mit Menschen- und mit Engelszungen

Seelsorge im Gespräch

Eine biblische Anregung

Die Deutsche Bibliothek verzeichnet diese Publikation in der
Deutschen Nationalbibliografie, detaillierte bibliographische Daten sind im
Internet über dnb.d-nb.de abrufbar.

ISBN 9783758382925

Coverbild: Gespräch, Erhard Mitzlaff, Holzschnitt 1952

1. Anstoß (5)

2. Menschenzungen (8)

3. entsprechende Hilfe (12)

4. Engelszungen (15)

5. *„und hätte der Liebe nicht…"* (21)

6. Seelsorge im Gespräch (24)

7. Summa (29)

Anmerkungen (32)

Literaturhinweise (35)

1. Anstoß

Mit dem ersten Zug von *Weiß* beginnt jedes Schachspiel und gibt damit den Anstoß, ein spielerisches Mit-
und Gegeneinander zu eröffnen, mal faszinierend kreativ, dann wieder ein einfallsloses und ermüdendes Hin-
und Her-Geschiebe. (1).

Der Anstoß zu einem Gespräch eröffnet ein Kommunikationsspiel. Auch dieses Spiel folgt Regeln und ist mal
ein spielerisches Miteinander, dann ein kämpferisches
Gegeneinander, mal überraschend kreativ, dann ein
Hin und Her der jeweils als richtig behaupteten Argu-
mente oder ein lähmendes einfallsloses Aneinander-
vorbei-Reden.

Beim Schachspiel geht es darum, das königliche Gegenüber matt zu setzen. Anders im menschlichen Gespräch. Da ist das Ziel, sich mit dem menschlichen Gegenüber zu verständigen, sich wechselseitig zu bele-
ben.

Menschen, die miteinander kommunizieren, fühlen sich
wohl, wenn sie sich verstanden, angenommen fühlen,
im Innersten geachtet und geliebt wissen. Das bestärkt
sie in ihrem Selbstwertgefühl.

Ähnlich wie beim Schachspiel will das Kommunikationsspiel oft nicht so gelingen wie gedacht und
gewünscht: So sehr sich die am Gespräch Beteiligten
bemühen, eigentlich genau das zu vermeiden: es endet
patt oder mit dem finalen Mattzug, obwohl Menschen
eigentlich

miteinander sprechen, weil sie sich danach sehnen, lebendige Nähe zu erfahren.

Um mich diesem Mühen und Sehnen zu nähern, habe ich mich gefragt, was erfahre ich in der Bibel über Kommunikation. Dabei bin ich im 1. Korintherbrief hängen geblieben und lasse imich von Paulus inspirieren. Paulus setzt sich argumentativ mit den Streitereien und Missverständnissen über Glossolalie (2) in der Gemeinde auseinander und spürt im Gespräch, dass es auf ein Patt oder Matt hinausläuft; da gibt er den Gemeindemitgliedern einen neuen Anstoß (1.Kor.12,31):

Und ich will euch noch einen besseren Weg zeigen und beginnt sein Lied der Liebe mit folgenden Worten: *Wenn ich mit Menschen- und mit Engelszungen redete und hätte der Liebe nicht, so wäre ich ein tönend Erz oder eine klingende Schelle* (1.Kor. 13.1).

Ein Sprechen - ob von Philosophen oder Psychologen, von Therapeuten oder Seelsorgern, von Künstlern oder Predigern - , und sei es noch so durchdacht und sprachlich fein justiert, wird ohne *Liebe* zu einem dumpfen Geräusch, einem Wortgeklingel. Das ist dann nur so dahingesagt und erreicht den Menschen nicht. Sprechen, das der Seele, dem Feinsinnigsten im Menschen entspricht, erwächst aus dem *Ungrund der Liebe* (3).

Paulus charakterisiert *Liebe* als *langmütig und freundlich, die Liebe eifert nicht, die Liebe treibt nicht Mutwillen, sie bläht sich nicht auf, sie verhält sich nicht ungehörig, sie sucht nicht das Ihre, sie lässt sich nicht erbittern, sie rech-*

*net das Böse nicht zu, sie freut sich nicht über die Unge-
rechtigkeit, sie freut sich aber an der Wahrheit, sie erträgt
alles, sie glaubt alles, sie hofft alles, sie duldet alles.*

*Nun aber bleiben Glaube, Hoffnung, Liebe, diese drei; aber
die Liebe ist die größte unter ihnen.*

Die liebende Einstellung erwächst auf der einen Seite
durch *glauben* und auf der anderen durch *hoffen.* Die
Trias *Glaube, Hoffnung, Liebe* wirkt ineinander und miteinander und lässt sich nicht voneinander trennen.

- Ich glaube, dass mich Gott geschaffen hat,
  samt allen Kreaturen, mir Leib und Seele, Ver-
  nunft und alle Sinne gegeben hat und noch er-
  hält.(4)
- Ich hoffe, dass mir und meinem Gesprächsge-
  genüber ein Leben zukommt, das Gott, uns
  Beiden und den Menschen wohlgefällt.
- Und ich glaube und hoffe, dass der Geist der
  Liebe Gottes unser Sprechen belebt, unsere
  Fantasie beflügelt, unseren Lebensmut stärkt.

Ist diese Einstellung gegeben, ist es sinnvoll und hilf-
reich, sich Gedanken zu machen, was und wie *Menschenzungen* sprechen, um sich zu verständigen. Es
bereichert das Gespräch, ein offenes Ohr zu bewahren
für die Laute der *Engelszungen.* Beides wird möglich,
wenn aus dem *Ungrund der Liebe* die Haltung der De-
mut erwacht, sich im Sprechen behutsam dem Leben
anzudienen und es zu stärken.

2. Menschenzungen (5)

Wir bedienen uns im Gespräch wie selbstverständlich
der für beide beteiligten Personen gewohnten Sprache,
in der stillschweigenden Annahme, jede beteiligte Person versteht den jeweiligen sprachlichen Ausdruck der
anderen. Diese Annahme trügt.

Denn Spracherwerb und Sprachgebrauch unterliegen
einem absolut individuellen Lern- und Lebensprozess,
eingebettet in die je eigene Familie, die ihrerseits ver-
netzt ist in ein ihr zugehöriges soziales Netzwerk, das
einer größeren Sprachgemeinschaft zugehörig ist. Erst
der erlernte Sprachkonsens innerhalb einer Familie,
eines sozialen Netzwerkes, einer Sprachgemeinschaft
ermöglicht eine *umgangssprachliche* Verständigung.

Der gemeinsame begriffliche Hintergrund wird in
Sprechhandlungen innerhalb eines bekannten (vertrau-
ten) sozialen Umfeldes *stillschweigend* vorausgesetzt.

Die alltäglichen umgangssprachlichen Kommunikati-
onsakte funktionieren weitgehend nach dem Muster:
Ich gehe davon aus, dass du so siehst, hörst, fühlst,
schmeckst, riechst, denkst, urteilst - schlicht: dass du so
tickst, wie ich, dass wir im Prinzip dieselbe Sprache
sprechen und deshalb uns auch verstehen und verständigen können. Der je eigene *Bedeutungstiefengrund*
wird dabei jedoch unterdrückt. Entscheidend ist der
konsensuelle Gebrauch von Sprache, wie er sich in der
Konvention des vorherrschenden sozialen Gefüges
entwickelt hat. Doch der begriffliche Hintergrund ist –

trotz aller konsensuellen Konvention - nicht automatisch vorhanden, so nah man sich auch sein mag.
Sprechen konstituiert menschliches Miteinander. Spreche ich mit einem oder mehreren Menschen, trete ich in Beziehung zu ihm/ihnen. Will ich mit einem Menschen etwas gemeinsam machen, werden wir miteinander reden und uns abstimmen, wie und wo und wann und was. Darüber hinaus „benutzen" wir – ohne großes Nach-denken – unsere bis dahin erlernten non- und paraverbalen Ausdrucksmöglichkeiten in Mimik, Gestik und Stimme (Betonung).

Für den Verständigungsprozess zwischen uns ist entscheidend, ob wir *grenzüberschreitend* (6) unsere *Horizonte* erweitern können und werden. Im günstigen Fall entsteht aus der Horizontverschmelzung ein Akt wechselseitig kritischen Verstehens. Im umgangssprachlichen Normalfall jedoch gehen Menschen von der *eigenen* Gliederung der Wirklichkeit aus, und jeder wird folglich zunächst alles Gehörte in *seine* Gliederung einzuordnen versuchen. Wenn das nicht gelingt, reden Menschen einander vorbei: „Du verstehst mich nicht, hörst mir nicht zu!".
Jeder Versuch, die *private Sprache* zu einer allgemeinen Sprache zu machen, ist zum Scheitern verurteilt. Erst über das *Sprachspiel* zwischen Menschen und ihren subjektiven Erfahrungen wird eine Verständigung gelernt.

Mit Menschenzungen reden eröffnet einerseits die Möglichkeit eines kreativen Kommunikationsspiels; zugleich steht das Miteinandersprechen durchaus auf wackeligen Füßen und kann, wenn es scheitert, zu erheblichem Missverstehen, Zerwürfnissen, auch psychischen Störungen, ja auch Gewalt führen.

Wenn Menschenzungen Künstlerisches gestalten - Gedichte, Lieder, Romane, Theaterstücke, Vorträge, Ansprachen, Erzählungen - dann bedienen sie sich ebenfalls der Art, wie Menschen kommunizieren, jedoch mit dem Anspruch, dass die *künstlerische* Gestaltung dessen, was sie ausdrücken möchten, bei denen, die ihnen zuhören, ihre Werke lesen, *intuitiv ankommt,* sie in der *Tiefe erreicht.* (7) Sprache bildet dabei eine Essenz, komprimierte Wirklichkeit und verdichtetes Erleben abzubilden, um verstanden, angenommen zu werden.

Auch das ist ein Kommunikationsspiel, höchst fantasievoll und zugleich äußert fragil, denn die Wortwahl allein entscheidet nicht darüber, ob der Funke überspringt und der empfangende Mensch sich angesprochen, sich verstanden, sich berührt fühlt. Manch einer ist von dem Dargebotenen tief ergriffen, eine andere Person schlicht gelangweilt.

Menschen, die etwas darbieten - vielleicht dasselbe Lied, dieselbe Ansprache nur zu einer anderen Zeit an einem anderen Ort - können davon berichten, wie unterschiedlich sie selbst dieses Kommunikations-

spiel erlebt haben.(6) Eine zuhörende Gemeinde
kann sich durchaus in ergriffene, enttäuschte und
naja-Gruppen spalten, und das argumentative Gespräch darüber endet mit der lapidaren Feststellung:
Jede/r empfindet eben anders. Ein großartiger Red-
ner mag viele in seinen Bann ziehen, andere brand-
marken ihn als manipulativ oder als Scharlatan.

3. entsprechende Hilfe

Ein beredtes Zeugnis dafür, wie stimmige Kreativität
Gestalt gewinnt, findet sich am Anfang der Bibel:
Jede einzelne Kreation Gottes entspringt der liebevol-
len Intention, Leben zu schaffen. Die Liebe Gottes kre-
iert eine lebendige Welt, eingebettet in einen liebevoll
geordneten Kosmos.
Die Kreation des Menschen bedarf allerdings einer
Nachbesserung:
Das Alleinsein tut dem Menschen nicht gut!
Im zweiten Kapitel der Bibel wird erzählt, dass Gott aus
seiner Liebe zum Menschen deshalb für diesen etwas
kreieren will, das sich so zu ihm gesellt, dass er nicht an
seinem Alleinsein verzweifelt:

*Und Gott, der Herr, sprach: Es ist nicht gut, dass der
Mensch allein sei; ich will ihm eine Hilfe machen, die ihm
entspricht* (Gen. 2,18).

Die erste kreative Idee Gottes dazu sind die Tiere auf
dem Feld und die Vögel unter dem Himmel. *Aber für den
Menschen wurde keine Hilfe gefunden, die ihm ent-
sprach* (Gen. 2,20b).

Da hat Gott den kreativen Einfall, aus *einem* Menschen
zwei zu machen. *Da sprach der Mensch: Die ist nun Bein
von meinem Bein und Fleisch von meinem Fleisch* (Gen
2.23).

Um sein Mensch-Sein zu entfalten, braucht der Mensch
ein hilfreiches Gegenüber, das ihm *entspricht*, das ihn

anspricht, das mit ihm so spricht, wie er selbst es aussprechen würde. Dieses *Entsprechen* führt den Menschen aus seinem Allein-sein und -bleiben heraus und ermöglicht ihm, sich und sein Gegenüber als gesellige Wesen zu erleben mit all dem, was dieses ausmacht: Freud und Leid, Angst und Mut, Hoffnung und Verzweiflung, Lust und Langeweile. So wird das wechselseitige Entsp*rechen* zur Geburtsstunde des seelischempfindenden Menschen.

Wenn der Mensch nur sich allein sieht und erlebt, dann ist das nicht gut, stellt Gott fest; erst wenn mindestens ein weiterer Mensch sich zu ihm gesellt, wird sein Leben gesellig, und der Mensch spürt, dass er liebenswert ist und dass er lieben kann.

Diese Liebe umfasst nach der Genesiserzählung zunächst die grundlegende Erfahrung:
Leben ist schön!
Ich kann teilen, mitteilen und teilhaben an einem anderen Leben, weil wir entsprechend denken und Worte finden, weil wir fühlen und empfinden, weil wir denken und planen und uns darüber austauschen können. Je größer die wechselseitige Entsprechung ist, desto tiefer *werden sie ein Fleisch sein* (Gen.2,24).
Die belebende Geselligkeit, die damit möglich wird, entspringt der erfahrenen Entsprechung: *Bein von meinem Bein, Fleisch von meinem Fleisch:* Uns verbindet etwas Gemeinsames!

Noch haben die Beiden kein Wort miteinander gesprochen (8), doch dass sie sich kreativ verstehen und sich entsprechen, bekennt der Mensch mit diesen Worten.

Die Erfahrung eines ihm entsprechenden Lebens wird dem Mensch zutiefst bewusst:
Es lohnt sich zu leben! Dann bekennt die eine oder der andere: »Ein Segen, dass es dich gibt!« oder einfach: »Ein Segen, dass du da bist!« Menschen, denen diese Worte aus dem Herzen quellen, haben ganz unmittelbar den Segen des hilfreichen Gegenübers erfahren, dass dieser Mensch ihm entspricht, ihn anspricht und ausspricht, was ihm auf der Seele liegt.(9)
Das Ziel jeglichen Kommunikationsspiels ist die Stimmigkeit: Ob eine Person redet oder singt, malt oder tanzt, schreibt oder vorträgt, sie will bei ihrem Gegenüber das Gefühl, das Bewusstsein erzeugen, dass sie *ankommt*. Nur lässt sich das nicht einfach anschalten wie eine Lampe oder das Radio.

4. Engelszungen

Paulus traut es sich (und vermutlich auch anderen
Menschen) zu, mit *Engelszungen* zu reden.
So wie er sich im 1. Vers des 13. Kapitels im 1. Korintherbrief äußert, sind Engelszungen eine ganz andere
Art des Redens. Wie Paulus das gemeint hat, wissen wir
nicht. Uns bleibt die Möglichkeit, den in der Bibel über-
lieferten *Engelszungen* zu lauschen, um herauszufin-
den, was das Besondere des Engelssprechens ist.

Abgesehen von Proklamationen himmlischer En-
gelschöre (z.B. Jes. 6,3; Lk. 2,13; Offb. 5,11) reden Engel
mit Menschen ausschließlich im vertraulichen Bereich
eines geschützten Dialogs. Dieses vertrauliche Gespräch *ergibt* sich für den Menschen, es ist nicht verab-
redet, es ereignet sich für den Menschen zu einem
ungeahnten Zeitpunkt, an einem nicht vorherbestimm-
ten Ort.
Annäherungsweise erkenne ich - etwa in dem Bericht
von Hagar in der Wüste (10) oder der Verkündigung
Marias (11) -:

- Engel reden mit einem Menschen in
  einem *vertraulichen Dialog*
- Engel reden von *zukünftigen anderen
  Lebensperspektiven*
- Engel reden *unstrittig eindeutig –
  wahrhaft prophetisch.*

Im Zentrum der Engelrede steht die Ansage einer anderen Lebenswirklichkeit, die gewiss kommen wird und
mit der Engel-Ansage anbricht. Dieser Engel-Mensch-
Dialog verändert den Lebensentwurf für den Menschen

grundlegend. Es wird alles anders. Das Tempus der Verbformen der Engelszungen ist das Futur; denn was bisher war, spielt für das Zukommende keine Rolle mehr.

Zunächst zum vertraulichen Dialog.

Unversehens erleben Menschen, mit Engelszungen angesprochen zu werden (12). Die Ansprache durch den Engel gilt nur diesem einen Menschen. Wahrgenommen wird diese Ansprache als Reden in Raum und Zeit oder im Traum. Die Angesprochenen lassen sich unmittelbar auf diesen höchst persönlichen Dialog mit dem Engel ein.

Einen vertraulichen Dialog mit einem Engel kann kein Mensch von sich aus eröffnen. Auch die tiefste Meditation, das innigste Gebet vermögen solch einen Engeldialog nicht herbeizuführen. Dieser vertrauliche Dialog ereignet sich als eine Gabe Gottes, und wie bei Abraham und Maria beschränkt sich der Beitrag des Menschen darauf, offen für diese Anrede Gottes zu sein, der Botschaft des Engels zu lauschen und sich auf den angekündigten Auftrag einzustellen.

Abraham war als Patriarch eines Beduinenstammes – so lesen wir es in der Bibel – ein gottgläubiger, frommer Mensch, zwar ohne Kirche und Gebetbuch, nicht einmal eine Bibel besaß er, aber Abraham organisierte seinen Alltag mit Gott, hielt sich und die anderen Menschen nicht für der Weisheit letzten Schluss, sondern glaubte an Gott als sein lebensspendendes Gegenüber.

Maria, eine vermutlich 16-jährige junge Frau aus Nazareth, war per Heiratsvertrag an den (angeblich) sehr
viel älteren Joseph versprochen und stellte sich auf das
traditionelle Leben als Frau dieses Mannes ein; von
einer besonderen Frömmigkeit oder Gottesglauben
über das traditionell Gebotene hinaus (12) wird uns in
der Bibel nichts überliefert.

Blicken wir in andere Engelberichte der Bibel, so wird
diese Besonderheit des vertraulichen Dialogs bestätigt
– etwa Hagar nach ihrer Flucht in die Wüste (Gen. 16,7 ff)
oder der Prophet Elia am Berg Horeb (1.Kön 19,5ff): der
Engeldialog ereignet sich fern ab vom Alltagsgesche-
hen.

Menschen gehen in den Wald, um ungestört zu sein,
oder sie buchen eine Ruhezeit in einem Kloster (vielleicht mit Schweigegebot), oder sie setzen sich still in
eine Kirchenbank, oder sie richten sich einen Ort ein, an
dem sie ganz allein für sich sein können. Das sind Ver-
suche der Sehnsucht, andere innere Wahrnehmungen
für sich zu ermöglichen, innere Dialoge zu führen, auf
andere Gedanken zu kommen. Ein Engeldialog lässt
sich so nicht herbeizwingen, aber ausschließen möchte
ich ihn nicht.

Dann: Wie *sprechen* Engel?

Menschen, die sich unversehens in einem Gespräch mit
Engelszungen befinden, verstehen sofort und ohne
Mühe, worum es geht:

In allen Berichten der Bibel über redende Engel oder
Männer sind diese für die angesprochenen Menschen
unmittelbar verständlich:
Keine Fremdsprache muss übersetzt, keine heilige
Sprache dekodiert, kein neues Sprachidiom erlernt
werden. Menschen hören und verstehen uneinge-
schränkt, was der Engel ihnen zu sagen hat, als ob es
das Selbstverständlichste der Welt wäre, auf diese Wei-
se angesprochen zu werden. Es bedarf keines liturgi-
schen Ritus', keines besonderen Vokabulars, keiner
esoterischen Logik, keines religiösen Aufwandes, keines besonders heiligen Raums. Mitten im Alltag ereignet sich der Engeldialog in einfacher, klarer, natürlicher
Umgangssprache.
Das hilft weiter:
An der Sprache an sich ist die Engelszunge nicht identi-
fizierbar. Wichtig ist jedoch die vorausgesetzte unge-
störte und offene Dialogbereitschaft. Es erinnert an
Erfahrungen mit guten Gesprächen zu zweit: vorbe-
haltlose, offene Sinne füreinander, in einer geschützten
Zweisamkeit, getragen von einer einfachen natürlichen
Sprache ermöglichen die intendierte intensive Intimität
des Miteinanders.

Schließlich, die andere Zukunft:

Der Inhalt der Engelrede nimmt die Zukunft in den Blick:

- *ich will dich segnen – deine Nachkommen werden sich mehren.* Das ist deine Zukunft, Abraham!
- *Du wirst schwanger werden und einen Sohn gebären.* Das kommt auf dich zu, Maria!
- *Das wird dein Verderben, Bileam!* (4.Mose 22,31ff) Bedenk, was du vorhast, Bileam!

Engelszungen reden im Indikativ Futur. Diese nüchterne grammatikalische Feststellung besagt inhaltlich, dass etwas Zukünftiges angesagt wird, heißt: Die Blickrichtung wendet sich vom jetzt Gegenwärtigen auf etwas, das kommen *wird*.

Engelszungen sind zu erkennen an ihrem Ansagen eines zukünftig anderen Lebens. Diese Ansagen einer anderen Zukunft sind Engeln möglich, wir Menschen können höchstens über das Zukommende spekulieren.

Diese unstrittig wahrhaft prophetischen Ansagen der Engelszungen beziehen sich stets auf ein Leben mit Gott, auf ein Leben, wie Gott es will, auf ein Miteinander von Gott und Mensch, das von Gottes liebender Fantasie durchdrungen und gestaltet ist. Engel sprechen in einer wegweisenden Wahrheit.(13)

Dass es diese Wirklichkeit unstrittig gibt, will geglaubt und gehofft werden. Solche unstrittig wahrhaftigen Zusagen einer anderen Zukunft bleiben Gott, seinen Boten, seinen Engeln vorbehalten:

Abraham wird in seinem Glauben, ungehorsam zu sein
gegen die autoritäre (nichtmenschliche) Anordnung,
seinen Sohn zu schlachten, in der Engelrede bestärkt
und belohnt (Segen); er folgt – wie in seinem Gottesglauben – der ethisch gebotenen Pflicht zur Gerechtigkeit. (14)

Maria akzeptiert die wahrhaft prophetische Verkündigung als ihre Zukunft: „Siehe, ich bin des Herrn Magd:
mir geschehe, wie du gesagt hast." (LK. 1,38) und stimmt
ihr Magnificat an. (Lk. 1,46 ff)

5. *„und hätte der Liebe nicht ..."*

Und wenn ich prophetisch reden könnte und wüsste alle Geheimnisse und alle Erkenntnisse und hätte allen Glauben, so dass ich Berge versetzen könnte, und hätte der Liebe nicht, so wäre ich nichts (1. Kor. 13, 2).

Erkenntnisse über die Menschenzungen und deren Geheimnisse sind gut und brauchbar, im seelsorglichen Gespräch auch unverzichtbar. Angenommen, ein Mensch könnte mit diesem Wissen auch angemessen umgehen und dieses auch gekonnt in ein Gespräch einbringen, es fehlte ihm jedoch an *Liebe* (15) dann wäre das alles zu nichts nütze, sagt Paulus.

Selbst, wer mit Zungen der Engeln zu reden wüsste, gut verständlich, in einem vertraulichen Dialog, von einer anderen Zukunft, die möglich werden wird, und das glaubwürdig wahrhaftig, wird scheitern in seinem seelsorglichen Gespräch, wenn es ihm an *Liebe* fehlt.

Martin Luther übersetzt: „... und hätte *der* Liebe nicht". Dieser teilhabende 2. Fall (lateinisch: Genitivus partitivus): *„der"* Liebe , ist in der neuen Überarbeitung der Übersetzung M. Luthers fallen gelassen worden und durch „... und hätte *die* Liebe nicht". Gewiss, die Formulierung *„der* Liebe" ist altertümlich, nicht mehr gebräuchlich und irgendwie nicht verständlich. Obwohl im griechischen Urtext der Akkusativ (την αγαπην = *die* Liebe) geschrieben steht, hat Luther sich für den teilhabenden Fall entschieden. Sinngemäß: „... und hätte nicht Anteil an der Liebe", so als sei es nicht möglich, diese *Liebe* in Gänze zu haben, sondern nur einen Anteil davon.

Paulus meint und redet von der Liebe Gottes. Die Liebe Gottes ist ohne Grund, ein Ungrund, und lässt sich nicht voll von uns Menschen erfassen, aber einen Anteil daran haben, das ist uns Menschen möglich.
Dieser Anteil an der Liebe Gottes qualifiziert das Reden mit Menschen- und mit Engelszungen als ein *im Sinne Gottes*, *im Auftrag Gottes* und *in der zart mitfühlenden Art Gottes* geführtes Gespräch.
Liebe im Sinne von αγαπη orientiert sich an der Art, wie Gott liebt. Das hohe Lied der Liebe des Paulus ist ein matter Spiegel (16) dessen, woran Christenmenschen sich orientieren, wenn sie teilhaben wollen an der Liebe Gottes:

Gott liebt langmütig und freundlich, Gottes Liebe eifert nicht und ist nicht unberechenbar, Gottes Liebe ist keine Selbstdarstellung, sondern hört genau zu, Gott geht es nicht um Selbstbefriedigung und ist auch nicht gleich beleidigt, wenn's mal nicht so läuft, wie er sich das denkt, Gott lehnt jegliches Verrechnen von Schuld ab, weiß aber sehr wohl, was ungerecht und recht ist, wahr und gelogen. Gottes Liebe trägt, verliert nicht den Glauben an den Menschen und hofft auf ein gutes Miteinander. Dafür ist Gottes Liebe bereit, alles wegzustecken, was dem entgegensteht.

Aus dem Ungrund dieser Liebe wächst und entfaltet sich *Kreativität*. Wer liebt, wird kreativ, schafft schöpferisch neue Wort- und Handlungsfelder. Und umgekehrt: Wer kreativ sein will, wird ohne Liebe scheitern. Anteil

an dieser αγαπη zu haben, ist ein Gewinn für das kreative Leben. Das meint Paulus, wenn er für das wirk-
mächtige Reden mit Menschen- und mit Engelszungen als unverzichtbare Grundlage auf *Liebe*
besteht.

6. Seelsorge im Gespräch

Anteil zu haben an der kreativen Liebe Gottes ist ein besonderes Geschenk. Auf Knopfdruck lässt sich diese Einstellung, dieser Zustand nicht erzeugen. Auch die besten Vorsätze werden nicht dazu führen, dass ein Mensch ein Gespräch mit der Kraft der Liebe Gottes führt. Lernen und einstudieren dieser Lebenseinstellung geht nicht, so wie auch *lieben* nicht erlernbar ist (wie das Einmaleins) oder über einen Entschluss herstellbar ist. Liebe wird gegeben, ist ein Gabe, auf die wir hoffen können und an die wir glauben, dass sie möglich wird.

So lebt auch der seelsorgende Mensch und hofft und glaubt, dass Gott *Liebe* ist und dass Gott liebende Haltung in ihm erwachen lassen kann.

Dann ist sie einfach da oder auch nicht da; und wenn sie da ist, durchströmt sie das Gespräch und erfasst beide Beteiligten.

Gewiss: der Mensch kann ihr im Wege stehen oder ihr den Weg verstellen mit seinen klugen Ideen und sprachlichen Spitzfindigkeiten. Er kann sich verschließen und auf *seine* Künste bauen und vertrauen.

Oder er hält sich offen, verzichtet auf seine wohlüberlegten Worte und stellt seine theoretischen Konzepte hintan. Denn wer liebt, findet einfache, gehaltvolle, wärmende Worte für den Menschen, dem er entsprechen möchte.

Die ratsuchende Person spürt in dem vertraulichen Dialog mit der seelsorgenden Person, dass auch sie liebenswert ist.

Seelsorge im Gespräch bemüht sich, dem Gegenüber langmütig und freundlich zu begegnen, sich nicht um richtig und falsch zu ereifern, nicht mutwillig sein Gegenüber nach seinen Vorstellungen zu deuten, sich nicht mit seinem vorgeblich besseren Wissen aufzublähen, nicht oberlehrerhaft zu belehren, eben nicht sich in seiner Sicht das Leben zu deuten, sich nicht durch die vermeintliche Uneinsichtigkeit des Gegenübers erbittern zu lassen, nicht ‚gut‘ und ‚böse‘ gegeneinander zu verrechnen oder zu be- und verurteilen, ungerechtfertigte Schuldzuweisungen nicht hinzunehmen, die Freude am wahren Leben zu fördern und geduldig alles zu glauben und zu hoffen, was diesem dient.

Seelsorge im Gespräch ereignet sich, wenn der seelsorgende Mensch glaubt und darauf hofft, dass Gott ihm Anteil an seiner Liebe gewährt und ihm Wege und Möglichkeiten geraten lassen wird, seinem ratsuchenden Gegenüber nahe zu sein. Aufgrund der im vertraulichen Dialog erfahrenen Liebe schöpft sein Gegenüber Mut und Zuversicht auf eine andere Zukunft seines Lebens.

Das Vorbild der sprechenden Engels mag der seelsorgenden Person ein hilfreicher Handlauf sein:

- Das Setting eines seelsorglichen Gesprächs sollte Vertraulichkeit sichern.
- Der Blick in die Zukunft wird vorm Hadern mit der Vergangenheit bewahren.
- Die andere Zukunft sollte sich orientieren am ethischen Gebot der Gerechtigkeit (mit dem Recht, ungehorsam zu sein gegenüber nicht-menschlichen Gehorsamsgeboten irgendwelcher Autoritäten – und sei es Gott (17); und an der Glaubenshaltung der Maria, wie sie diese in ihrem Magnificat ausspricht.

Im Verlauf eines seelsorglichen Gesprächs ist ein innerer Gebetsdialog mit Gott (bisweilen lediglich ein Stoßgebet) möglich, jedoch nicht die Garantie für eine entsprechende hilfreiche verbale *Zuflüsterung eines Engels (Gottes Geist)* in Bezug auf das laufende Gespräch.

Abraham und Maria haben offene Ohren und Herzen für die Engelszungen; so offen in einem Gespräch mit einem ratsuchenden Menschen zu sein, dieses Zutrauen auf Gottes Nähe wirkt Wunder – das Gegenüber spürt es und fängt an, wenn Gott es so fügt, zweifelnd und zögerlich die angebotene Zukunft anzunehmen.

Wird das Gespräch von Liebe getragen,
- dann kommen die kreativen Einfälle wie von selbst,
- dann verbünden sich die Beiden im Hinterfragen der scheinbar so wirklichen Wirklichkeit,

— dann suchen sie nach lebbaren Alternativen für die Zukunft.

Dieses seelsorgliche Gespräch wird dann als *„ich lebe wieder"* erfahren.

Blinde, Lahme, Taube, Sprachlose, Krüppel, Kranke, Verachtete, Hilflose, Geschändete und Gefolterte finden in Jesus von Nazareth dieses ihnen entsprechende Gegenüber – meist, so wird es uns überliefert, in kurzen, einmaligen Begegnungen mit ihm: sie kehren zurück in die Geselligkeit des Gottesvolkes und empfinden dankbar den Wert ihres schon für verloren gehaltenen Lebens. Die Sprache Jesu entspricht dabei den ihn umgebenden Menschenzungen und seine liebende Zuwendung zu den entsprechenden Menschen den Engelszungen.

Anlass, ein Seelsorgegespräch zu suchen, ist die gefühlsmäßige Erkenntnis, sich in einer Sackgasse festgefahren zu haben oder am Ende zu sein. Das Anliegen, sich deswegen an ein hilfreiches Gegenüber zu wenden, um eine befreiende Wegweisung zu erhalten, ist das eine; hintergründig schwingt das andere mit, auf diesem Weg wieder zu einem seelischen Wohlbefinden zu gelangen. Jede Störung dieses auf die Ganzheitlichkeit des Menschen zielenden Gleichgewichts wird von Menschen aller Zeiten und Kulturen als schmerzlich und das eigene Leben und die Gemeinschaft gefährdend erlebt. Darum greift eine Beseitigung des leiblichen Störfaktors (Krankheit, Arbeitslosigkeit, Bezie-

hungsverlust, Gewalt) zu kurz, wenn nicht auch die
Heilung des seelischen Schadens (Hoffnungslosigkeit,
Vereinsamung, Lebensunlust, Bedeutungsverlust) in
den Blick genommen wird.

Seelsorgende glauben, dass allein die geistvolle Art
Gottes, auch restlos entwertetes Menschenleben zu
lieben, diesen Menschen inspirieren kann und wird, sich
einem Lebensentwurf wieder zu nähern, mit dem dieser Mensch *ewig* leben wird (18).

Dabei geraten zunächst die Verwerfungen des Mensch-
Seins in den Blick. Das Erkennen dieser Verwerfungen –
bis hin zu dem Scherbenhaufen eines total gescheiter-
ten Lebens – erfährt seine besondere Tiefe
    –   im Licht der Liebe Gottes,
    –   durch das Hören auf das Wort Jesu.
So wird der Mensch selig gesprochen, der am Leid
seines fragmentierten Lebens zerbricht. Wo dies ge-
schieht, machen Menschen eine Evidenzerfahrung, die
präsentisch als Rettung vom Tod ins Leben erlebt wird
und Anteil gibt an der Fülle des gottgewollten Lebens.

7. Summa

Das Proprium christlicher Seelsorge wird durch Paulus
als ein spirituelles, geistgewirktes Geschehen be-
stimmt. Der Geist Gottes erwirkt in einem Menschen
die Kraft, wie Gott zu lieben und so seinem Gegenüber
kreativ zu entsprechen.

Die Eigenarten der Menschen- und der Engelszungen
zu kennen und dieses Wissen praktisch in ein Gespräch
einzubringen, will und soll gelernt sein. Das ist der zu
erbringende Beitrag des seelsorgenden Menschen,
gleichsam sein Beiwerk, sein opus. additum.

Die Begabung, dass sich der Horizont menschlichen
Denkens, Urteilens und Für-wahr-Haltens öffnet für das
andere Leben, das möglich und unstrittig wahrhaftig
wird, ist ein überraschend beglückendes temporäres
Geschenk der Geistkraft Gottes, *das donum superad-
ditum DEI.*

There is a longing in our hearts, O Lord, for you

to reveal yourself to us. (19)

There ist a longing in our hearts for love

we only find in you, our God.

For justice, for freedom, for mercy:

hear our prayer.

In sorrow, in grief:

be near, hear our prayer, O God.

Anne Quigley

Bremen Ostern 2024

Timm H. Lohse

Anmerkungen:

(1) Schon auf den eröffnenden Zug gibt es sehr viele
Antworten.
(2) Glossolalie ist ein geistgewirktes, ekstatisches, aber für Menschen nicht verständliches Zungengebet an Gott.
(3) Ungrund Liebe = Liebe ohne Grund, grundlose Liebe; Wortschöpfung von Kurt Marti
(4) Zitiert nach der Erklärung Martin Luthers zum 1. Artikel des Apostolischen Glaubensbekenntnisses in seinem Kleinen Katechismus.
(5) Ausführlich erläutert in Lohse, Kurzgespräch, S.15f; dort auch Literaturhinweise mit Zitatangaben.
(6) Mit der Bedeutung der Grenzüberschreitungen für das Sprachverstehen hat Wittgenstein sich eingehend beschäftigt.
(7) Vgl. dazu Tempest, Verbundensein
(8) Zumindest ist das Bettgeflüster Adams und Evas biblisch nicht überliefert.
(9) In der hebräischen Sprache wird die klare Zuordnung des *Adam* zur *Adama* als Ur-Beziehung zur Überwindung der Einsamkeit überdeutlich; das ist zugleich ein Anstoß zum Wiedererlernen der Sprache der Schöpfung.
(10) Hagar fürchtet um ihr Leben und das ihres Sohnes Ismael; sie flieht in die Wüste. In ihrer einsamen Verzweiflung wird sie vom Engel Gottes angesprochen. Im mitfühlenden, vertraulichen Gespräch zwischen dem Engel und Hagar erhält Hagar klare Anweisungen, was

konkret jetzt ansteht. Der Blick weitet sich vom kleinen Kind zum großen Volk. (1.Mose 21,17) Oder: Ein Engel spricht im Traum mit Josef. Mit klaren Worten beruhigt der Engel Josef, erläutert ihm, was das alles mit Maria und ihrer Schwangerschaft zu bedeuten hat, und stellt das, was kommen wird, in einen verständlichen Sinnzusammenhang. (Mt.1,20f)

(11) Der Gruß des Engels verwirrt Maria: das hat sie offenbar so noch nicht erlebt. Der Engel beruhigt Maria (mit der fast durchgehenden engelischen Ansprache: *Fürchte dich nicht!)* und kündigt ihr eine Zukunft an, die sie eigentlich noch stärker erschrecken lassen müsste. Die jugendliche, offensichtlich aufgeklärte Maria stellt dem Engel eine einfache Frage und bekommt eine Antwort, die sie für sich annimmt.(Lk. 1)

(12) Nach jüdischer Tradition bringt Maria ihren Sohn zur Beschneidung und pilgert mit ihrer Familie zu den Wallfahrtsfesten zum Jerusalemer Tempel.

(13) Lot wird hart bedrängt, die beiden Männer an die männlichen Bewohner Sodoms zur Befriedigung ihrer homosexuellen Begierden auszuliefern. Nur Lot wird angesprochen und von den beiden Engelmännern ins Vertrauen gezogen. Deren Aussagen stehen nicht zur Disposition: was sie sagen wird - unstrittig wahrhaftig, die unmittelbare Zukunft sein. (Gen. 19,1ff)

(14) Abraham folgt zunächst (bis zur Bindung Isaaks auf dem Opferaltar) in blind vertrauendem Gehorsam der Anweisung Gottes, seinen einzigen Sohn Isaak zu opfern. Ein (zwei?) En-

gel mischt sich ein und eröffnet gänzlich neue
Perspektiven.(Gen 22).

(15) Das deutsche Wort „Liebe" umfasst: Sexus,
Eros und Agape; in der Botschaft der Bibel
geht es um Agape

(16) Paulus 1.Kor.13,12: Wir sehen jetzt durch einen
Spiegel in einem dunklen Bild; dann aber von
Angesicht zu Angesicht.

(17) Im 3. Kapitel seines Buches „Radikaler Universalismus" entfaltet Boehm anhand der bibli-
schen Erzählung von der Bindung Isaaks „Die
Abrahamitische Unterscheidung oder Was
Aufklärung ist".

(18) vgl. dazu Mk. 10, 21; Mt. 9, 2 +6; Joh. 6, 11 u. ä.

(19) to reveal to us = sich uns zu offenbaren

Literaturhinweise

BIBEL, nach Martin Luthers Übersetzung, revidiert 2017, Deutsche Bibelgesellschaft, Stuttgart

BOEHM, OMRI (2023). Radikaler Universalismus - Jenseits von Identität, Ullstein Buchverlage GmbH, Berlin

BUKOWSKI, PETER (1996). Die Bibel ins Gespräch bringen. Erwägungen zu einer Grundfrage der Seelsorge. Neukirchen-Vluyn: Neukirchener Verlag.

LOHSE, TIMM H. (2020, 5.Aufl.). Das Kurzgespräch in Seelsorge und Beratung. Göttingen

LUTHER, HENNING (1992). Religion und Alltag. Bausteine zu einer
Praktischen Theologie des Subjekts. Stuttgart: Radius Verlag.

LUTHER, MARTIN, Der kleine Katechismus, EG, Luth. Verlagshaus, Hannover, 1994

MARTI, KURT (1987). Ungrund Liebe. Klagen Wünsche Lieder. Stuttgart, Radius-Verlag

MATURANA, HUMBERT R./VARELA, FRANCISCO J. (21987). Der Baum der Erkenntnis. Die biologischen Wurzeln des menschlichen Erkennens. Bern: Scherz.

SÜSKIND, WILHEL EMANUEL, Vom ABC zum Sprachkunstwerk, Neubearbeitung von Thomas Schlachter, Zürich 1996

TEMPEST, KAE; Verbundensein, Suhrkamp nova, 4.Aufl.
2023

TOMASELLO, MICHAEL (2009). Die Ursprünge der
menschlichen Kommunikation, Frankfurt am Main

TRACK, JOACHIM (1977). Sprachkritische Untersuchun-
gen zum christlichen Reden von Gott. Göttingen
WATZLAWICK, PAUL /JANET H. BEAVIN/ DON D.
JACKSON (1969). Menschliche Kommunikation. Bern,
Göttingen, Toronto, Seattle, Bern

WITTGENSTEIN, LUDWIG, Tractatus Logico-philoso-
phicus, dt.-engl. Ausgabe London 1922 -Frankfurt1960